MW01601398

ESTE DIARIO PERTENECE A:

____

Made in the USA
Columbia, SC
30 April 2023

15944647R00067